VERBORGENE

Schönheit

Chiemgau

zum Träumen und Schwelgen

Lisa und Wilfried Bahnmüller

J. BERG

Bemalte und verzierte Stalltüre
am Hof »Zurbeck« im Oberbuch
bei Tyrlaching

CHIEMGAU UND RUPERTIWINKEL ZUM TRÄUMEN

Chiemgau und Rupertiwinkel gehören zu den schönsten Landschaftsregionen Deutschlands. Beim Chiemgau denkt man sofort an den Chiemsee mit seiner Herreninsel und dem großen König-Ludwig-Schloss. Allerdings hat der Chiemsee, der auch Bayerisches Meer genannt wird, noch unzählige Geschwister: Größere und kleinere Seen und Weiher, die überall im Chiemgau und Rupertiwinkel verstreut liegen und die den besonderen Reiz der Region ausmachen. Diese Landschaft wurde vor allem durch Eis und Schnee und die gewaltigen Gletschermassen der letzten Eiszeit geformt. Dabei entstanden die vielen Toteisseen, Naturreservate von bestechender Schönheit, die ganzen Kolonien an seltenen Tieren und Pflanzen ein Zuhause bieten. Dazu gehören die Eggstätter Seenplatte, der Tüttensee oder der Griessee.

Ein weiteres Relikt der Eiszeit sind die vielen Moore und Filzen mit ihrer mystischen und verwunschenen Landschaft. Egal, ob die Kendlmühlfilzen bei Grassau, das Bergener Moos, die Schönramer Filzen, das Grabenstätter oder Ainringer Moos oder eines der vielen Feuchtbiotope, alle sind auf ihre Art einzigartig und immer eine Reise wert.

Die Gebietsbezeichnung Rupertiwinkel bezieht sich übrigens auf den Heiligen Rupert, den ersten Bischof von Salzburg, der um 650 –718 lebte und die Gegend kolonisierte und stark prägte. Bis 1803 war das Land ein Teil des Erzstifts Salzburg. Erst 1810 kam der Rupertiwinkel zu Bayern. Eine Grenze im Osten ist durch die Salzach und die Grenze nach Österreich klar definiert. Im Süden bildet Piding die Linie zum Berchtesgadener Land, während sich im Westen der Übergang ins Chiemgau irgendwo im Landkreis Traunstein fließend vollzieht.

Der Chiemgau selbst lässt sich weniger exakt festlegen. Im Süden ist die Grenze zu Österreich eindeutig. Im Westen gehören das Inntal und Rosenheim nicht mehr dazu, gelten jedoch als das Tor zum Chiemgau.

Entdecken wir diese einzigartige Landschaft rund um den Chiemsee zuerst mit ihren großen Sehenswürdigkeiten, so sind es mehr noch die kleinen, unbekannten Schätze, die diese Landschaft so richtig liebenswert machen: Einsame Berge, malerische Dörfer, filigrane Wasserläufe und grüne Bergseen, üppig lebendes Bauernland, lichte Wälder und rührige Kleinstädte. Mittendrin finden wir uralte Klöster und Kirchen, oft in spektakulärer Lage – Zeugnisse jahrhundertealter Kultur und Traditionen.

Alles verborgene Schönheiten, die diese Region zu einer Bilderbuchlandschaft machen.

Der Chiemgau und der Rupertiwinkel machen es uns leicht, die Schönheiten am Wegrand zu erkunden und dabei zu träumen und zu schwelgen. Wir müssen nur die Augen dafür öffnen.

DIE FARBEN DES FRÜHLINGS

Es ist Anfang Mai. Das Chiemgau hat sich in eine bunte Farbpalette verwandelt. Zwischen Wasserblau und Himmelblau leuchten Dottergelb und Wiesengrün besonders intensiv im hellen Sonnenlicht. Es ist Löwenzahnblüte und die Farben des Frühlings berauschen die Landschaft. Wo das Auge hinblickt, zieren unzählige gelbe Tupfer die Felder. Die graublauen Berge am Horizont setzen mit ihren schneeweißen Gipfeln besonders schöne Kontraste zu diesem Schauspiel. Ganz abgesehen von den zartrosa blühenden Apfel- und Kirschbäumen, deren Blütenkleid einen betörenden Duft verströmt. Explosionsartig ist der Frühling da und der Kreislauf der Natur beginnt aufs Neue.

Löwenzahnwiesen an der Schafwaschener Bucht am Chiemsee

Pavillon an der Waginger randpromenade

MÄRCHENLAND

Sanft streichelt der Wind das Wasser und die Sonne bringt es glitzernd zum Lachen. Strahlend blau leuchtet der Himmel zusammen mit dem See. Am Horizont zeichnen sich gerade noch die Umrisse der Berchtesgadener Berge ab, während sich Wälder dicht an die Ufer drängeln. Gleich dem Blick aus einer herrschaftlichen Villa an einem oberitalienischen See präsentiert sich die Inszenierung. Aber für diesen Traum müssen wir gar nicht weit reisen. Direkt an der Uferpromenade von Waging liegt das Märchenland. Zwischen Pavillons und Kurpark genießen wir südliches Flair mit seinem einzigartigen Charme mitten in Bayern.

BIRKENALLEE

Einsam liegt der Weg in den Morgenstunden vor uns. Jeder Schritt ein pures Vergnügen. Weich federt der Torfboden unter unseren Füßen und die Luft riecht überraschend würzig und erdig zugleich. Schnell erwärmt die Sonne den dunklen Boden und verströmt eine angenehme Wärme. Der Pfad führt uns immer tiefer in die Wildnis. Zwei Rehe kreuzen unseren Weg und wir schrecken ein paar Wildenten auf, die sich lautstark über die Ruhestörung beschweren, um dann fliegend das Weite zu suchen. Wir folgen der einstigen Trasse der Torfbahn, an manchen Stellen treffen wir immer noch auf ihre stählernen Überreste in Form von Gleisen oder Weichen. Wir können die Wanderung bis zum Torfbahnhof und seinem Museum fortsetzen. Aber vielleicht lassen wir uns heute auch einfach treiben und bleiben auf dem großen Rundweg in der Kendlmühlfilzen. Dort überraschen uns sicherlich noch viele weitere Begegnungen zwischen Mensch und Natur.

Der Pfad in die Kendlmühlfilzen windet sich durch junge Birken.

Aussicht vom
Hochfelln

GIPFELREIGEN

Einen Versuch wäre es wert, am Gipfel des Hochfelln die vielen endlosen Bergrücken, Gipfel und Felsgrate zu zählen, die sich gleich einer barocken Theaterkulisse zum Horizont hin aufbauen. Nur Nuancen an graublauen Farbschattierungen zeigen uns die Übergänge von einem Tal ins nächste. Dazwischen bettet sich ein zarter weißer Dunstschleier und kleine Wolken kämpfen gegen die Kraft der Sonne. Jetzt einfach die Zeit anhalten, sitzen bleiben und nur noch staunen und genießen. Von einer atemberaubenden Gipfelschau, wie auf dem Hochfelln, der Hochries, dem Hochgern oder dem Geigelstein, kann man sich nur schwer wieder losreißen.

HOHENASCHAU

Am Fuße der Kampenwand, deren dreigezackter, felsiger Gipfel überall im Chiemgau leicht zu erkennen ist, liegt Aschau am Eingang ins Priental. Über die bunten Sommerwiesen mäandert die Prien, die am Spitzstein bei Sachrang ihren Lauf nimmt. Über Aschau und von allen Seiten unübersehbar und mächtig thront die Burg Hohenaschau auf einem 50 Meter hohen Felsrücken. Die erhabene Lage war natürlich bewusst so gewählt, denn auf drei Seiten fällt der Fels steil ab, sodass ein ungebetener Zugang schier unmöglich war. So musste im Falle eines Angriffs nur eine Seite verteidigt werden und das ist in Hohenaschau zum Glück nur zweimal im Laufe ihrer langen Geschichte passiert. Über sieben Jahrhunderte hinweg war die Burg Sitz bedeutender Adelsdynastien, die nicht nur das Leben der Menschen im Priental prägten, sondern die auch je nach Epoche und Geldreserven die Burg im jeweiligen Stil der Zeit veränderten. Erst 1848 verlor die Burg an Bedeutung und wechselte oft ihren Besitzer. Heute gehört sie dem Staat und wird vor allem als Erholungsheim genutzt, aber einige Räume, in denen auch das Prientalmuseum beheimatet ist, lassen sich im Rahmen einer Führung besichtigen.

Burg Hohenaschau im Priental

Wollgrasbüschel auf stillem Moorwasser im Schönramer Filz

WASSER – QUELL DES LEBENS

Wasser steht für Leben, Energie, Ausdauer und Kraft, aber auch für Beständigkeit, Ruhe und Stille. So ist Wasser auch ein Spiegelbild für unser Inneres. Für Gedanken und Gefühle, die darin verborgen bleiben. Für unausgesprochene Worte, die versuchen hervorzubrechen oder die sich nach Stille sehnen. Nicht immer bleibt das Wasser unberührt. Leben bricht daraus hervor: wild und zart zugleich. Wasser trägt und verbindet die Elemente, man muss sich nur davon inspirieren lassen und ins Leben eintauchen.

BAUERNHOF-ZIERDE

Das prachtvolle Holzbundwerk, das uns im Rupertigau und im östlichen Chiemgau allenthalben ins Auge sticht, war sehr aufwendig und teuer. Wer sich das nicht leisten konnte oder wollte, der griff zum Pinsel und bemalte das Holz mit einigermaßen wasserfesten Caseinfarben. Gerne nutzte man dazu Schablonen, denn damit konnte jeder eine ansprechende Wirkung erzielen. So waren der Kreativität keine Grenzen gesetzt und die wunderbaren Farben brachten zudem Leben in den oft beschwerlichen Alltag einer Bauernfamilie. Man muss heute schon ganz genau hinsehen, um so wunderbare kleine Schätze zu entdecken. Aber es gibt sie noch, überall im Chiemgau und im Rupertiwinkel.

Mit Schablonen-Technik bemalte Stadeltür am Hof »Zurbeck« in Oberbuch bei Tyrlaching

Ruhige Abendstunde an der Wimmeralm unter der Hochries

SOMMERABEND AUF DER ALM

Was wären die Chiemgauer Alpen ohne ihre Almen? Die jahrhundertelange Beweidung der Berghänge während der Sommermonate hat die Landschaft in der Höhe nachhaltig und unverkennbar geprägt. Nur durch die Viehbeweidung konnte die vielfältige Alpenflora auf den Magerwiesen entstehen, sodass wir uns vor allem im Frühsommer über ganze Blumenteppiche am Berg erfreuen können. Zum Sonnenuntergang ist es am schönsten auf den Almen. Die meisten Bergwanderer sind schon längst wieder im Tal. Erst jetzt senken sich eine unbeschreibliche Ruhe und Stille über die abendlichen Almmatten. Das Zirpen der Grillen wird stiller und von Weitem hören wir nur noch vereinzelte Kuhglocken. In diesem Moment gehören uns die Welt und ihre wunderbaren Almwiesen ganz alleine.

TÜTTENSEE – GRUSS AUS DEM WELTALL

Einen Impakt im Chiemgau finden wir am kleinen Tüttensee bei Grabenstätt, oder vielleicht doch nicht? Die Rätsel sind groß und die Wissenschaftler uneins. Ist der Tüttensee wirklich durch einen Meteoriten-Einschlag entstanden oder zählt er, wie viele andere Seen auch, zu den sogenannten Toteisseen? Auf jeden Fall ranken sich viele Geschichten und Legenden um den kleinen Waldsee. Egal wer hier Geschichte geschrieben hat, ob ein großer Gletscher oder der Chiemgau-Einschlag mit seinem Gruß aus dem Weltall: Der idyllische See mit seinen von Schilf bewachsenen Ufern ist immer einen Ausflug wert.

Herbst am Tüttensee

Zentralalpengala vom Fellhorn, am Südrand der Chiemgauer Alpen bei Reit im Winkl

AM HÖCHSTEN PUNKT

Ganz oben auf den Gipfeln der Alpen steht meist ein Gipfelkreuz. Für viele ein religiöses Symbol, für manche nur ein schöner Brauch. Egal wie man es auch deuten mag, es hat eben einfach etwas Erhabenes, am höchsten oder markantesten Punkt eines Berges zu stehen. Über uns nur der Himmel und am Horizont eine gewaltige Aussicht. Im Anblick so wunderbarer Schöpfung fühlt man sich selbst fast klein, aber gleichzeitig unendlich frei. Man steht über den Problemen des Alltags, genießt die grenzenlose Weite und kommt mit anderen Augen und Gefühlen ins Tal zurück.

BURGHAUSEN

Burghausen liegt an einer kleinen Flussschleife der Salzach und bildet das nördliche Ende des Rupertiwinkels. Sie zählt sicherlich zu einer der schönsten und malerischsten Städte Oberbayerns. Besucher und Einheimische schlendern gerne durch die verwinkelten, romantischen Gassen der Altstadt. Diese führen fast alle zum großen Stadtplatz mit seinen prächtigen Häusern, deren Scheinfassaden in vielen bunten Farben um die Wette strahlen. Darüber thront mächtig und stolz die längste Burg Europas. Ein Spaziergang auf den Burghügel ist wie eine Reise ins Mittelalter. Wer dort von einem Burghof in den nächsten wandert, erlebt Geschichte hautnah. Einzigartig in ihrer Größe prägt die Burg das Stadtbild von allen Seiten. Besonders schön ist der Blick auf die Stadt vom nachbarlichen Österreich aus. Dort zeigen sich uns Burghausen mit der Salzach und die Burganlage in ihrer ganzen Pracht.

Dämmerung über Burghausen

Vom Adersberg auf das Nebelmeer bei Grassau vor Hochfelln und Hochgern

HERBST-LEUCHTEN

Jedes Jahr im Herbst, wenn die Tage kürzer und die Nächte länger werden, beginnt die dunkle Jahreszeit. Im Tal hängt der Nebel und kaum ein Sonnenstrahl dringt hindurch. Wer kann, entflieht dem Herbstblues. Manchmal reicht es dafür aus, ein paar Höhenmeter über den Alltag zu steigen. Und schon scheint die Sonne über einem wabernden Nebelmeer und erfüllt unser Herz mit Freude und Wärme. So tragen wir den goldenen Herbst in unserem Innern nach Hause und können getrost dem nahenden Winter entgegengehen.

SOMMER-GEWITTER

Wie ein Fingerzeig Gottes brechen ein letztes Mal Lichtstrahlen aus dem immer dichter werdenden Wolkenhimmel über dem Chiemsee. Dann türmen sich nur noch dicke, schwere schwarzgraue Wolken über dem Wasser. Nicht mehr lang und der Sturm setzt ein und bald schon schiebt der Regen Blitz und Donner vor sich her. Unglaublich, wie sich das Sommergewitter aus einer einzigen kleinen weißen Wolke im Laufe des Tages entwickeln konnte. Aber gerade Stimmungen wie diese gehören zu den schönsten Erinnerungen an einen Sommertag am Chiemsee. Die Badezonen und Strandcafés sind wie leer gefegt und nur noch ein paar Beharrliche warten auf den Beginn des Naturspektakels.

Gewitterstimmung bei Chieming am Chiemsee

Der Rainbichl ist mit seinen 544 Metern der höchste Punkt im Landkreis Altötting, gehört aber noch zum Rupertiwinkel.

RAINBICHL BEI TYRLACHING

Ein einsamer Baum markiert den 544 Meter hohen Rainbichl-Hügel bei Tyrlaching am nördlichen Rand des Rupertiwinkels. An klaren Tagen, wenn der Föhnwind die Luft klar und sauber pustet, genießt man von dort oben einen wunderbaren Blick auf die Chiemgauer, die Berchtesgadener und die Salzburger Berge. Die gewaltige Alpenkulisse liegt in ihrer ganzen Pracht vor uns. Der Rainbichl ist ein reizvolles Ziel, vor allem im frühen Frühjahr, wenn uns der Schnee die Wege zu höheren Zielen verwehrt, aber das Land um Tyrlaching schon einen ersten Hauch Frühling versprüht.

KENDLMÜHL-FILZEN

Wenn man an das Chiemgau denkt, denkt man an den Chiemsee oder an die Chiemgauer Alpen. Aber in dieser einzigartigen Landschaft gibt es noch so viel mehr. Allem voran die vielen Moore, die man hier auch „Filzen“ nennt. Sie liegen im ganzen Chiemgau und Rupertiwinkel verstreut und sind ein enormer Naturschatz. Alle wurden über Jahrhunderte ausgebeutet und zum Teil industriell abgebaut. Erst in den letzten Jahrzehnten fand ein Umdenken statt. Man stellte die Flächen unter Naturschutz und begann mit ihrer Renaturierung. Erste Erfolge sind schon spürbar und so kann man auf verschiedenen Wegen in der Kendlmühlfilzen bei Grassau einen wahren Schatz entdecken. Wunderbar ist der Blick vom kleinen Aussichtsturm, zu dem eine Birkenallee führt. Im fast schwarzen Wasser der ehemaligen Torfabbaufläche spiegeln sich die Chiemgauer Berge und kleine buckelige Birken kämpfen auf dem sauren Torfboden ums Überleben. In ein rosafarbenes Blütenmeer verwandelt sich die Kendlmühlfilzen im Herbst. Dann blühen die vielen Erikabüsche und bedecken den ganzen Moorboden.

Im kleinen See, der durch den Torfabbau entstand, spiegeln sich der Hochgern und der Hochfelln.

Nebel zieht durch den herbstlichen Bergwald.

NEBEL

Schritt für Schritt steigen wir den Bergpfad hinauf. Jeder einzelne bringt uns zum Licht und der Wärme der Sonne. Es ist Herbst und die Natur spielt mal wieder ihr ganz eigenes Spiel. Unten im Tal ist alles grau in grau und dichter Nebel raubt dem Chiemgau alle seine Farben. Es herrscht Inversionswetterlage. Das bedeutet, die Luft in der oberen Schicht ist wärmer als die im Tal, sodass sich der Nebel am Boden hält, während die Berggipfel im strahlenden Sonnenschein liegen. An solchen Tagen hilft nur eines, wer kann, wandert hoch hinauf, der Sonne entgegen. Wunderbar ist dann der Moment, wenn die ersten Sonnenstrahlen den Nebel durchdringen. Nun ist es nicht mehr weit und die Welt ist wieder voller Sonnenschein – oben am Berg.

AUSSICHTSLOGE

Es müssen nicht immer die hohen Gipfel der Berge sein, die uns durch ihre herrlichen Aussichten ein Gefühl zwischen Freiheit und Endlosigkeit schenken. Für grandiose Fernsichten reichen im Chiemgau auch einige der wunderbaren Aussichtslogen, die sich in regelmäßigen Abständen entlang der Alpenkette reihen. Zum Glück hat die Eiszeit diese Hügel geformt. Sie schenken uns herrliche Aussichten, von denen wir weite Teile des Chiemgaus und Rupertiwinkels überblicken. Egal ob der Samerberg, der Hochberg, die Ratzinger Höhe oder der Höglberg, jeder Hügel ist für sich einzigartig und wechselt sein Schaubild je nach Tages- und Jahreszeit.

Von Parnsberg bei Söllhuben über die herbstlichen Ausläufer der Ratzinger Höhe auf die Kampenwand, Hochplatte und Hochfelln

Schilf am Hartsee

EGGSTÄTTER SEEN

Das Naturschutzgebiet der Eggstätter Seenplatte liegt nördlich des Chiemsees und besteht aus 18 Einzelseen. Ihre Entstehung haben wir der Eiszeit zu verdanken: Riesige Eisblöcke wurden von den Gletschern abgetrennt und blieben als Toteis liegen. Bedeckt durch Sedimente dauerte es viele hundert Jahre, bis sie völlig schmolzen. Durch den Druck des Eises bildeten sich dabei Kessel. Wenn dann deren Boden unterhalb des Grundwasserspiegels liegt, ist das die Geburtsstunde eines Toteissees, wie wir sie auf der Eggstätter Seenplatte gleich in vielfacher Form vorfinden. Ein verborgener Naturschatz, den man am besten zu Fuß erkundet. Wogendes Schilf, Seerosenteppiche, tanzende Libellen, abgestorbene Bäume und das Glitzern des dunklen Wassers verwandeln die Landschaft in ein mystisches Paradies.

HÖGLWÖRTH

In der Nähe von Anger, am Fuße des Teisenbergs liegt das verträumte Kloster Höglwörth auf einer kleinen Halbinsel inmitten des gleichnamigen Sees. Grüne Wälder säumen seine Ufer und so mancher Baum streckt seine Äste und Zweige weit auf das stille Wasser hinaus. Um den See kann man herrlich ruhig spazieren, um dann im Anschluss das ehemalige Augustiner-Chorherrenstift auf der Halbinsel zu besichtigen. Höglwörth zählt zu den ältesten Klöstern im Rupertiwinkel, es wurde bereits 1125 vom Salzburger Erzbischof Konrad I gegründet. Die Klosterkirche ist jedoch ganz im zarten, verspielten Stil des Rokokos ausgeschmückt, sodass man ihr wahres Alter nur erahnen kann.

Kloster Höglwörth spiegelt sich im Wasser des Sees.

Winter auf der Fraueninsel

WINTERGLITZERN

Drei Inseln liegen im Chiemsee: die Herreninsel, die Fraueninsel und die unbewohnte Krautinsel. Am schönsten ist die Fraueninsel mit ihren malerischen Fischerhäusern und der ehrwürdigen alten Abtei der Benediktinerinnen. Den guten Geist, der bis heute von diesem Kloster ausgeht, kann man ebenso wie die jahrhundertealte Geschichte überall auf der Insel spüren. Am besten an einem Wintermorgen, wenn die Insel einsam und fast leer ist. Dann spürt man die Kraft besonders intensiv. Der Schnee glitzert in der Morgensonne und dämpft alle Geräusche. Am Horizont heben sich die verschneiten Chiemgauer Berge aus dem Wasser. Nur der kalte Wind pfeift ungehindert über den See und lässt unseren Atem zu kleinen Wolken gefrieren. Ein Zauber liegt über der Insel und die Stille und Ruhe sind einfach wunderbar.

ALTE BAUERNHÖFE

Der Schmidhof von Hötzling steht heute im Rupertiwinkel-Museum in Hof bei Kirchanschöring und wurde damit der Nachwelt erhalten. Es war das Haus eines Kleinbauern, der für den Bau sicherlich nicht viel Geld aufbringen konnte. Aber eine schöne Tür musste es sein, in der ganz in der Mitte ein Stern zu finden ist. Man glaubte zwar nicht mehr an böse Geister, doch ein wenig Abwehrzauber durch einen Stern konnte nicht schaden. Viele Bauernhöfe haben noch heute eine solche Sterntür. Mal mit größeren oder auch kleineren Sternen. Ein wunderbarer Brauch, der sich erhalten hat.

*Bauernhof-
museum in Hof bei
Kirchanschöring*

Gletschermühlen-feld bei Reit im Winkl

KRAFT DER SONNE

Die Sonne ist wie ein Auge in der Natur: Sie strahlt und lässt die ganze Landschaft leuchten in ihrem Glanz. Sie versprüht Funken, die sich auf dem feuchten Gras absetzen. Sonnenstrahlen erwärmen nicht nur die Welt, sondern auch unsere Herzen und unser Gemüt. Und wenn auch einmal ein Baum großen Schatten wirft, dürfen wir nicht daran zweifeln, sondern sollten uns eher erfreuen, wenn er Kühle und Erfrischung spendet.

TACHINGER SEE

Der Himmel ist in ein zartes Rosa getaucht und hat seine Pigmente bis ins Wasser geworfen. Noch ist alles still und ruhig am Tachinger See. Er und der Waginger See sind die zwei größten Gewässer des Rupertiwinkels. Dabei gehören die beiden Seen unzertrennlich zusammen, trennt sie doch nur eine überbrückte Einschnürung bei Tettenhausen. Deshalb wird der kleinere Tachinger See meist dem Waginger See zugeordnet. Beide Seen sind beliebt bei Wassersportlern, Anglern und Erholungssuchenden. Die wenigsten von ihnen erleben die Ruhe der morgendlichen zauberhaften Stimmung, die nur ein Foto unbegrenzt lang zeigt.

Sonnenaufgang über dem Tachinger See mit Tettenhausen

Eisenbeschlagene Tür am Tittmoninger Schloss

GUT GEWAPPNET

Das Tor zum Innenhof der Burg von Tittmoning ist mit kleinen Eisenblechen beschlagen, die schuppenartig übereinander angebracht sind. Größere Bleche gab es im Mittelalter noch nicht, denn das Auswalzen von glühendem Eisen zu einem flachen Blech war damals noch nicht erfunden. So musste ein Schmied ein glühendes Stück Eisen so lange mit dem Hammer flach klopfen, bis es zu Blech geworden war. Diese Arbeit erforderte große Erfahrung, denn je dünner das Blech wurde, desto eher ließ ein falscher Hammerschlag ein Loch entstehen und die Arbeit begann von vorne. Es ist nicht schwierig, diese Tür zu finden, aber viel zu schnell eilt man oft an den wundervollen kleinen Dingen des Alltags vorbei. Die jedoch machen eine Besichtigung, wie die des bekannten Tittmoninger Schlosses, zu etwas ganz Besonderem. Man muss sich nur die Zeit nehmen, um sie zu entdecken.

RAPSFELD

Es ist Herbst. Noch strahlt der Raps mit der Sonne um die Wette. Das Grün so knackig und satt. Aber die Blätter an den Bäumen verfärben sich schon in alle erdenklichen Rottöne. Und die mächtigen Berge leuchten bereits kalt und kühl. Ein Vorbote für den Winter? Die Natur ist und bleibt ein Wunder für sich. Wir müssen sie nur schätzen, schützen und bewahren.

Rapsfeld bei Grabenstätt vor Kampenwand und Hochplatte

Morgennebel unter der Ratzinger Höhe vor Heuberg und Kranzhorn

AUGENBLICK

Nebelschwaden ziehen durch das Tal. Bedecken fast unsichtbar einen Ort. Von der Ratzinger Höhe genießen wir einen Überblick über den im Licht tanzenden Nebel, der uns vereinzelt durch freie Lücken Aussicht gewährt. Auch der Heuberg und sein Nachbar, das Kranzhorn, haben sich aus dem Bann gerissen und schauen von oben zu. Es ist eine Zauberwelt und der Nebel entscheidet, was wir zu sehen bekommen und was nicht. So schätzen wir den Augenblick, den Moment, auf den wir keinen Einfluss nehmen können.

ZART UND SANFT

Sanft wiegt sich das Wollgras im Morgenwind. Das weiche Licht der Morgensonne taucht die weißen Wattebüschel in ein sanftes Rot. Die Halme erscheinen zart und zerbrechlich, dabei ist das Gras sehr robust und muss vielen Widrigkeiten standhalten. Wollgräser wachsen vor allem auf den feuchten und nassen Wiesen der Moore, in denen nicht viele Nährstoffe vorkommen. Trotzdem kommen sie mit ihren Lebensumständen gut zurecht und wir dürfen uns im Mai über ganze Landstriche freuen, auf denen weiße Wattebüschel über die Wiesen tanzen.

Wollgras im Morgenlicht im Naturschutzgebiet am Bärnsee bei Aschau

Chiemsee-schifffahrt

MAGISCHER SPIEGEL

Einen anderen Blickwinkel zu bekommen ist oft hilfreich und manchmal nötig. Eine Bootsfahrt auf dem Chiemsee bietet sich dafür an. Dabei gewinnt man Abstand vom Alltag, von seinen eigenen Ufern und Grenzen. Man ist umgeben von kleinen Wellen mit Schaumkronen. Die Sonne scheint und lässt den Chiemsee tiefblau erstrahlen. Der See und seine Oberfläche sind unser Spiegel zur Welt. Manchmal ruhig und glatt vermittelt er uns Gelassenheit und Ruhe. Dann wieder stürmisch und wild, genauso wie das Leben oft spielt. Ein magischer Spiegel.

BAUMBLÜTE

Frisches Obst ist für viele der Beginn des Sommers. Aber bevor wir Obst von den Bäumen pflücken können, braucht es seine Zeit im Kreislauf der Natur. Im Frühling verändert die Apfelbaumblüte die Landschaft. Die Bäume haben ihr Festkleid angelegt und hängen voller weißer Blüten. Die Luft ist erfüllt vom Duft unzähliger Blumen. Aus jeder Blüte könnte ein saftiger roter Apfel entstehen, die Natur braucht nur ihre kleinen Helferchen. Bienen bestäuben die Obstbäume und sorgen für eine reiche Ernte. Es ist ein Geben und Nehmen.

Blühender Obstbaum bei Tettenhausen am Waginger See

Brennholz umrahmt ein Fenster auf der Moserboden-Alm an der Hochries am Samerberg.

WINTERVORRAT

Es wird knistern, hämmern, flackern und knacken, die Luft wird sich mit dem rauchigen Duft von Buchenholz füllen und die Flammen werden zuerst ganz leise züngeln, um dann immer wilder zu tanzen und schließlich in einer orange leuchtenden heißen Glut zu vergehen. Noch ist das Holz draußen vor der Haustür aufgerichtet und darf austrocknen. Aber gut geschichtetes Holz wärmt nicht nur in der Stube, es isoliert auch. Kalte Winde treffen nicht direkt an die Hauswand und Schnee wird abgehalten. Das Gleiche gilt für den Sommer. Da erreichen die Sonnenstrahlen die Hauswand kaum, die Wärme wird im Holz gespeichert und in der Nacht nicht nur nach außen, sondern auch nach innen zur Hauswand hin abgegeben. Deshalb wird das Holz fein säuberlich rund um die alten Chiemgauer Bauernhäuser oder Almhütten aufgerichtet. Manchmal entstehen ganze Kunstwerke. Auf jeden Fall wird der Platz bis ins Kleinste genützt, denn die Winter können im Chiemgau lang sein.

DIE LETZTE MAHD

Das letzte Mal hat der Bauer gemäht und bald holt er die Streu ein. Der Duft des Grases liegt in der morgendlichen Luft. Noch genießt das Vieh seine Freiheit auf den großen grünen Wiesen im Chiemgau. Bald schon, wenn der Winter Einzug hält, sind die Tiere wieder für ein halbes Jahr im Stall und träumen vom nächsten Frühjahr.

Letzter Grasschnitt im Herbst bei Staudach-Egerndach unter der Hochplatte

Das alte Kloster Seeon und die Wallfahrtskirche St. Maria über dem Klostersee

SEEON – KRISTALL IM SEE

Als leuchtenden Kristall im blauen Wasser hat Benno Hubensteiner, der große bayerische Kulturjournalist, das Inselkloster Seeon einmal bezeichnet. Recht hat er – liegt es doch strahlend weiß über dem blauen Klostersee, gehalten durch ein Band grüner Bäume und überdacht von einem blauen Himmel, den ein paar Wolken strukturieren. Es ist ein Bild von unendlicher Geborgenheit, und das war Seeon auch fast tausend Jahre lang. Gegründet im Jahre 994 durch den mächtigen Graf Aribo I war es der Grundstein für eine erfolgreiche wirtschaftliche und kulturelle Entwicklung im nördlichen Chiemgau. Das Kloster bot Arbeit, Nahrung und Zuflucht in Zeiten der Not. Kulturzentrum blieb es mit einigem Auf und Ab über die Säkularisation hinweg bis heute. Immer noch finden zahlreiche Konzerte, Lesungen und Tagungen in den klösterlichen Mauern statt.

VERBORGENE SCHÖNHEIT

Hinter schweren und mächtig beschlagenen Türen verbergen sich wahre Kostbarkeiten. Meist öffnen sie Kirchenräume, in denen sich alte Schätze befinden. Nicht immer große Kunst, sondern oft kleine bäuerliche Sakralarbeiten, die nicht nur wunderschön, sondern den Einheimischen bis heute sehr wichtig sind. Wir selbst können uns aber fragen, wie viele Schlösser wir in unser Leben eingebaut haben. Was von uns zeigen sie, was ist uns wichtig, was verbergen sie und was möchten wir schützen? In jedem von uns liegt noch viel verborgene Schönheit.

Kirchentür mit gotischen Beschlägen von St. Petrus und Paulus in Oberbuch bei Tyrlaching

Am Waginger See

FRÜHLING IM RUPERTIWINKEL

Eine Landschaft, durchzogen von Wiesen, Feldern und Äckern. Punktiert durch einzelne Bäume und verschönert durch einen großen See, bietet sie vielen Tieren Schutz und ein Zuhause. Auch Menschen genießen diese Vorzüge. Bauern streuen ihre Saat aus, wo vergangene Generationen Platz dafür geschaffen haben. Vom Frühling bis zum Herbst hat diese nun Zeit zum Reifen. Auch die Bäume erwachen aus ihrem Winterschlaf und das Gras erholt sich von der erdrückenden Last des Schnees. Der Frühling ist zurück im Rupertiwinkel.

SIMS

Wogendes Schilf, dunkle sich jagende Wolkenfetzen, und dazwischen eingebettet nimmt die Sims ihren Lauf auf. Der kleine Fluss entspringt dem Simssee und startet durch das feuchte Naturschutzgebiet der überaus schönen Achalterwiesen. Zwischen Riedering und Stephanskirchen liegt dieses einzigartige Biotop neben dem wunderbaren Badesee Simssee mit herrlichem Blick auf die Alpen. Gerade einmal knapp acht Kilometer ist der Fluss unterwegs, bevor er gemeinsam mit der Rohrdorfer Ache in den Inn mündet. Die Sims ist ein Fluss, der noch geruhsam mäandern darf, unberührt und frei. Ein verborgener Schatz.

Schilfgürtel an der Alten Sims bei Ecking am Simssee

Hochstaufen und Zwiesel vom Johannishögl bei Piding

GLÜHENDER WALD

Die Bäume haben schon alle ihre Blätter verloren, der erste Schnee liegt auf dem Berg. Es ist Spätherbst im Rupertiwinkel und der Winter steht unmittelbar vor der Tür. Die Tage sind schon sehr kurz und wir freuen uns über jeden einzelnen Sonnentag. Oben am Johannishögl, einem der legendären Aussichtshügel im Rupertiwinkel, direkt an der Grenze zum Berchtesgadener Land, scheint die Sonne ein paar Minuten länger als unten im Tal. Ein letztes Mal für heute schickt sie ihre Strahlen zum Hochstaufen und Zwiesel und taucht den Bergwald in ein glühendes, goldenes Licht. So könnte jeder Tag enden.

WINKLMOOS-ALM

Was für ein traumhafter Anblick! Mit seiner grandiosen Natur und einer wunderschönen Kulisse begeistert die Hochebene Winklmoosalm sowohl Wanderer als auch Bergsteiger und Naturliebhaber. Sanft hügelige, bunt blühende Almwiesen und oben die schneebedeckten Gipfel der Steinplatte. Jetzt endlich ist Frühling auf dem 1.170 Meter hoch gelegenen Almplateau. Bald werden Kühe und Kälber aufgetrieben und schon geht das Frühjahr in den Almsommer über. Auf der Winklmoosalm dreht sich der Kreislauf der Jahreszeiten schneller als im Tal. Vielleicht gerade deswegen der perfekte Ort, um einmal innezuhalten und die Natur zu genießen.

Frühlingswiesen auf der Winklmoosalm mit Steinplatte und Kammerköhr

Sonnenuntergang in Seebruck am Chiemsee

ABSCHIED VOM TAG

Zeit spielt keine Rolle, aber Zeit ist alles ... und so nehmen wir jeden Abend Abschied vom Tag in der Hoffnung, dass sicherlich noch ein weiterer folgt. Nicht alles wurde erledigt, nicht alles wurde geschafft, es liegt noch eine Menge vor uns. Aber wenn ein Tag mit einem so wunderbaren Sonnenuntergang endet, dann fällt uns der Abschied leicht, und wenn es nur ein Abschied aus dem Chiemgau und Rupertiwinkel bedeutet. Es gibt immer eine Zeit, um zurückzukehren.

GRASSAU

Ein idyllisches Dorf mit Zwiebelturmkirche am Fuße der Berge. Im Hintergrund türmen sich die gewaltigen Felszinnen mächtiger Berge auf und drängen in die atemberaubende Landschaft. Doch das täuscht. Der Föhnwind katapultiert den Wilden Kaiser, der eigentlich am Ende des Achentals liegt, direkt in den Garten von Grassau. Ein wunderschöner Flecken Erde mit einem äußerst lebens- und liebenswerten Dorf, das sich zwischen den Bergen und den weiten Moorflächen der Kendlmühlfilzen erstreckt.

*Grassau im Achen-
tal vor dem Wilden
Kaiser*

Schmittenstein, Hoher Dachstein und Untersberg mit Salzburger Hochthron vom Johannishögl bei Piding

AUF DEN JOHANNISHÖGL

Es ist ein bitterkalter Novembermorgen. In der Morgendämmerung glitzert der Raureif wie tausend Sterne. Die Sonnenstrahlen bezwingen die mächtigen Berchtesgadener Berge, welche die Täler noch vom Tag abschatten. Langsam verschwinden Kälte und Nebel und die Sonne erwärmt das Tal und der Tag beginnt.

VOGELPARADIES

Laut kreischen die Möwen und werfen Schatten über das türkisgrüne Wasser. Ihre Flügelschläge sind als Windhauch über unseren Köpfen zu spüren. Es fühlt sich an wie ein Tag am Meer – nur dass die Luft nicht nach Salz schmeckt. Der Chiemsee ist nicht nur für Möwen ein Paradies. Viele Zugvögel rasten auf ihrem Weg nach Norden im Delta der Tiroler Ache. Unzählige Wasservögel versammeln sich dort in aller Ruhe, balzen, brüten und ziehen ihren Nachwuchs auf.

*Möwen am Süd-
ufer des Chiemsees*

Feuchtwiesen im Naturschutzgebiet Weitsee

DREISEEN

Der Weitsee, Mittersee und der Lödensee an der Deutschen Alpenstraße waren einst ein einziges, langgezogenes Seebecken, das von den Kräften der Gletscherströme in der letzten Eiszeit ausgehobelt wurde. Aber in den letzten 10.000 Jahren hat sich die Landschaft schon wieder stark gewandelt. Die Kräfte der Natur ruhen nie. So wurde der Weitsee durch Schuttströme abgetrennt, die sich von den umliegenden Bergen lösten. Wasserläufe verbinden die Seenkette und so konnte sich eine einzigartige Naturlandschaft entwickeln. Das Leben hat hier sein Füllhorn geöffnet: Libellen tanzen zwischen blauen Irisblüten und die Trollblumen können ihre schweren gelben Blütenköpfe kaum noch heben. In den Bachläufen vergnügen sich Forellen und der Ufersaum ist schwarz von unzähligen kleinen Kaulquappen, die auf ihre Verwandlung warten. Leben ist Wandel, ob im Großen oder Kleinen, stetig, unaufhaltsam und wunderbar.

ALTE HAND-WERKSKUNST

Es war wohl die geniale Idee eines einfachen, aber sehr kreativen Handwerkers aus dem östlichen Chiemgau im 19. Jahrhundert. Ein Zimmermann wagte etwas Neues. Er baute seinen Stadel zwar in der üblichen Ständerbauweise, aber er setzte die Schalung nach innen. Dadurch blieb das Balkenwerk sichtbar. Den freien Raum füllte er dann zusätzlich mit schräg gekreuzten Balken, sodass ein kunstvolles Bundwerk entstand. Das fand ungeheuren Anklang. Bis heute noch wird diese alte und aufwendige Handwerkskunst verwendet und lässt einen Stadel, ja sogar einen ganzen Bauernhof zum Schmuckstück werden.

Bundwerkstadel an einem Bauernhof in Tengling am Tachinger See

Sonnenuntergang in Leitenberg bei Frasdorf mit den Bergen um den Wendelstein

CHIEMGAUS GRENZE

Die westliche Grenze des Chiemgaus hinüber ins Rosenheimer Land und ins Inntal verläuft fließend. Genauso wie die wunderschöne Landschaft dort nicht endet, sondern sich weiter fortsetzt, unterliegt das westliche Chiemgau keiner geografischen oder politischen Einschränkung. Nur die Berge wandeln ihr Gesicht und der Wendelstein schiebt sich langsam in den Mittelpunkt. Das flache Abendlicht modelliert die Felder und in den Dörfern kehrt Ruhe ein. Jetzt ist Zeit zum Innehalten, Verschnaufen und den Tag ausklingen zu lassen.

SCHILF

Viele Uferzonen der Chiemgauer Seen sind von einem schützenden Schilfgürtel umgeben. Sanft schaukeln die Blütenstände auf zarten Halmen gleichmäßig im Takt des Windes. Sie sind nicht nur schön anzusehen, sondern haben eine wichtige Funktion. Zum einen schützen sie die Uferzonen vor Erosion, zum anderen reinigen und säubern sie das Wasser. Überdies dienen sie vielen Vögeln als Brutplatz, Lebensraum und Unterschlupf. Wunderschön ist es, an einem Sommermorgen im Schilf den Vögeln zu lauschen. Das Spiel zwischen Licht, Wasser, Wind, Gesang und Schilf gleicht einer einstudierten Symphonie, voller Eleganz und Harmonie.

Schilfgras am Waginger See

Tiefgrün, eiskalt und unergründlich schön – der Frillensee